Bernd Keml

Vae amore captis

Wehe dem, der in Liebe entflammt ist

Der Frühling ist erwacht, die Knospen sind schon gesprungen

Die Musik der Liebe hat meine Ohren und meine Seele durchdrungen

Diese Tage sind wunderschön und auch die Momente

Nur Ihnen gebühren alle meine Komplimente

Morphogenese, Ontogenese, Philogenese – alles nur Begriffe

Bei der Liebe geht die Reise wirklich in die Tiefe

Schönheit hab´ ich nicht gefunden an der Universität Examen

Ich liebe nur Sie, Sie sind die Allerschönste – Amen

Ich mag nicht der Politik Maskeraden

Und wehre mich gegen der Philosophie komplizierte Hanswurstiaden

Sie sind mir verzückter als alle Menarden

Nur Ihnen widme ich der Liebe Balladen

Die roten Rosen sind der Beweis meiner großen Liebe

Für Sie erleide ich Eros´ Peitschenhiebe

Ich interessiere mich nicht für Kapital und Rendite

Sondern nur für Sie, himmlische Aphrodite

Sie sind das i-Tüpfelchen der Liebesmagie

Die letzten Dinge überlassen wir der Eschatologie

Was nützen mir Jura, Theologie und Philosophie ?

Ich will nur Sie, habe keine Liebesphobie !

Sie sind meines Herzens Goldmine

Nach Ihnen trachten alle meine Sinne

Unsere Herzen kennen sich schon längst

Böse Geister bannen Sie mir und fängst´

Sie erhellen die Welt mit Ihrem Glanze

Ein Fürst der Großmut bin ich, mit meiner Lanze

Sind Sie allein in Ihrem Schlafgemach ?

Bin befreit von beider Welten Ungemach !

Die Sterne leuchten am Firmament

Diese Liebe hat kein Äquivalent

Ich liebe nur Sie - permanent

Das ist meine Natur - immanent

Sehen wir die Einheit in der Differenz

Diese Liebe hat eine hohe Präsenz

Nur der Körper stirbt, nicht die Essenz

Von allen Seiten hüllt uns ein die Existenz

Meine Liebe zu Ihnen ist gefallen ins Wort

Gott ist ständige Evolution und gebärt sich immerfort

Ich bin am Flussufer und sehe das letzte Licht der Sonne

Nur ein Windhauch und sieh´, wie schön neigt sich die Anemone

Der höchste Mensch hat kein Ich

Der Tod des Egos ist eine Freiheit von sich

Die Brücke des Guten und Bösen brich

Denn diese Liebe ist ein Meilenstein für mich !

Der Kopf und das Herz sind bei den Menschen in Konflikt

Gott bestraft kein Verbrechen und kein Delikt

Er ist Liebe – Unendliche

Und narrt
alle – ob Religiöse oder Weltliche

Geliebte, die Sterne weinen im Geheimen

Haben verfehlt Sie meiner Liebe Reimen ?

Springt Ihr Herz nicht an meinem Gedicht ?

Ach, hätte ich kein Auge und kein Licht !

Ihren Mythos werde ich nicht entzaubern

Ich handle abrupt und ohne zaudern

Herzliebchen halten Sie inne und sieh´

Mein Herz pocht von innen und wie

Ich bedarf Ihres Mundes Süßigkeit

Mehr als Reben und Rosen geben Sie mir Heiterkeit

Teure Ärzte zur Heilung brauche ich nicht

Ich liebe nur Sie von Angesicht zu Angesicht

Entflammt ist mein Herz

Ist diese Liebe ein Gottesscherz ?

Die Götter antworten frohgemuht

Sei weise und liebe absolut

Werde froh mit mir holde Frau

Tanzend treffe ich Sie an der grünen Au

Große Sehnsucht ist in mir angestaut

Mann und Frau, wann werden wir vertraut ?

Ein Körnchen Ihrer Liebe, und ich bin reich

Ohne Sie bin ich wie eine Rose bleich

Die Himmelsleiter will ich zu den Engeln werfen

Nahe bei Ihnen sind alle Götzenbilder zu verwerfen

Mein Herz brennt lichterloh

Oh Traum der Ekstase bin ich froh

Die Winde tragen mein Geheimnis

Erreich ich Sie nicht, so ist das mein Verdammnis

Auf meine Freiheit lege ich wert – sehr viel

Bin ich aber verliebt, so werde ich servil

Zwei kurze Worte zur Erklärung

Ihr mondgleiches Antlitz gereicht mir zur Verklärung

Meine Liebe zu Ihnen kann keiner vergellen

Das Herz ist eine Zwiebel, man muß sie schälen

Sind die Seiten Ihres Herzens schlaff oder schraff ?

Ich liebe nur Sie und schaff´

Die Tage vergehen gar geschwind

Keine Botschaft von Ihnen, traurig weht der Wind

Ich wohne zur Zeit in der Hoffnung Luftschloß

Das Liebesfeuer der Schöpfung sich in mich ergoß

Ich tanz mit Ihnen in vielfältiger Verzückung

Mein Dasein ist nahe der Entrückung

Ihr Charme ist radioaktiv

Vor Ihrem Antlitz erscheint mir die Welt ganz fiktiv

Anmutige – anwesend sind Sie in meinen durchnachten Nächten

Ein Amulett des Glückes für alle Fälle

Wie könnte mir diese Liebe entgehen?

Schmerz und Leid mit Ihnen verwehen !

Ich küsse nur Sie, das kann ich öffentlich beichten

Ich küsse Ihren Mund, Ihr Hauch ein reines Veilchen

Von Angesicht zu Angesicht, wann werden wir uns treffen

Die Zeit rinnt davon, das Glas geht zu Scherben

Ihre Gleichgültigkeit verachtet meinen Geist

Ich frage, ob Ihr Herz ist verreist ?

Antworten Sie bitte nur mit einer Zeile

Ich lebe im Moment und hab´ keine Eile

Sie sind pikant, lässig und ungezwungen

Ich liebe nur Sie, das sage ich unumwunden

Die Fliegen sind gefangen im Spinnennetz

Seien wir in Kommunion von Herz zu Herz

Körperliche Liebe ist des Eros Fundament

Meine Liebe zu Ihnen ist evident

Spielen wir doch mit unserer Energie

Die Liebe ist frei fließende Synergie

Die Eleganz tanzt Ihnen um die Nase, um den Mund

Fallen wir beide in der Liebe Abgrund

Sie haben ja meines Herzens Befund

Vergraben tue ich nicht mein Pfund

Sie haben das Schöne in Ihres Fingers Spitzen

Liebe erhält sich durch Zornes Blitzen

Sie sind die süsseste aller Miezen

Ich will von Ihnen den Apfel der Liebe stibitzen

Ich lese unserer Liebe Hieroglyphe

Und erkenne Sie als meine bezaubernde Nymphe

Es steht auf den Sternen geschrieben

Der Fels des Hasses wird am Ende zu Sand der Liebe gerieben

Liebe ist die Weisheit der Äonen

Die Weisen sind der Liebe Sonnen

Bezaubernd sind Sie vom Kopf bis zu den Sohlen

Ich bin nur froh und schlage Kapriolen

Sie sind der Liebe Offenbarung

Die Menschen sind Heuchler und leben in Tarnung

Genüsslich schlürf ich meinen Rebensaft

Sie sind meines Herzens Zauberkraft

Die Materie wird vom Geist durchdrungen

Die Ammenmärchen sind für die Dummen erfunden

Wie Feuer ist meine Liebe gleich

Der Mond spiegelt sich im kleinen Teich

Nur äußerste Liebe enthüllt das Geheimnis

Die Logik hat Angst vor diesem Wagnis

Für Sie bin ich ganz entflammt

Diese Liebe ist aus Seide und Samt

Im Felde zirpen die Zikaden

Wie einer Venus gemeißelt sind Ihre Waden

Sie und ich in Liebesumschlingung

Jede andere Medizin hätte keine Wirkung

Unentwegt dreht sich das Rad von Tod und Leben

Froh sind die Winzer und keltern die reifen Reben

Trinken wir der Liebe Wein

Durch einen Knall platzte das Universum ins Dasein

Der Liebe sind Sie wandelnder Beweis

In Ihrer Nähe schmelze ich wie Eis

Die Liebe ist ein Ozean

Sie sind mein persönlicher Koan

Des Herzens bin ich ein Vagabund

Und stehe mit Ihnen treu im Bund

Veilchen, Rosen, Tulpen

Ihr Duft übersteigt einfach alle Blumen

Wo liegt des Pudels Kern ?

Sie leuchten wie ein großer Stern !

Welcher Gott hat Sie zur Erde gesandt ?

Mein Herz liegt in Feuerbrand !

An Ihren Augen bin ich ganz gefangen

Die Geschichte ist ein Traum, bald vergangen

Fehler habe ich begangen zuhauf

Diese Liebe lodert auf !

Des Schicksals Stücke fürchte ich nicht

Gemalt von Gottes Hand ist Ihr Gesicht

Der Mensch ist der Schnittpunkt des Himmels und der Erde

Ich liebe nur Sie und sterbe

Diese Liebe wird zu Teil nur der Majestät

Die dummen Menschen sind die Majorität

Freiheit bekommen Sie von mir, das gebietet die Pietät

Ich liebe nur Sie und mache meine Diät

Ihr Lachen ist ein glitzernder Sonnenschein

Erheitert mein Herz und mein Sein

Finde ich bei Ihnen Resonanz

So wird es zu einem Seelenfeuertanz

Unsere Begegnung steuerten höhere Mächte

Sie quillen vor Lebenskräften

Diese Liebe kann mich nur entzücken

Wann werden wir einander beglücken ?

Sie tragen Ihr Haupt wie eine Leuchte

Voll Liebesfreude erklingt meine Flöte

Sie sind mein Herzblatt und die anderen die Meute

Vergessen wir das Gestern und leben wir im Heute !

Die wahre Musik weckt diese Liebe

Für Sie erdulde ich des Schicksals Hiebe

Die Philosophie drischt leeres Stroh

Sie sind ein geschliffener Diamant und nicht roh !

Die Götter treiben mit uns ihren Schabernack

Seien Sie wach, und der Liebe Code knack´

Sind wir einmal zusammen

Ernten wir der Liebe Samen

Sie sind geworden mein Alter ego

Trink´ ich Cappuccino, so sage ich Prego

Nackt sind wir gekommen und nackt wir gehen

Wer hat Hölle oder Paradies gesehen ?

Gehen wir Hand in Hand in dieser Lebenskarawane

Ich bin allein wie ein Löwe in der Savanne

Wird mir dieses Liebesglück zu Teil

So lieben Sie mich und küssen mich verteil

Sie sind der Sinnen Apotheose

Ich liebe nur Sie und Ihr Öhrchen liebkose

Wann habe ich zuletzt eine solche Schönheit gesehen ?

Vielleicht im vorigen Leben aus Versehen

Schreiben Sie mir auch einmal ein Gedicht

Der übrigen Welt gilt mein Verzicht

Oh herrliche duftende Rose

Sind Sie vielleicht scheu wie eine Mimose ?

Schicken Sie mir einen Talisman

In Sachen Liebe bin ich ein Saubermann

Sie können sich dieser Liebe nicht entziehen

Eine kühne Frau sind Sie, warum fliehen ?

Es ist sternklare Mondnacht

Anfangsliebe ist ganz sacht

Bin ich in Ihres Herzens Königszelt

So pfeife ich auf die übrige Welt

Die Welt ist aus dem Stoff der Träume gemacht

Liebe ist die größte Macht

Ewiges Feuer der Liebe haben Sie in mir entfacht

Ich liebe nur Sie, meine Herzenspracht

Keine Fata Morgana ist diese Liebe

Feiern wir göttlich unsere Triebe

Sie sind die Liebe meines Lebens

Und meines Herzens inbrünstigen Sehnens!

In der Schule der Liebe lernte ich die Heimlichkeit

Gepriesen sei Ihre Herrlichkeit

Oh strahlendes Herz, Sie sind ein reizender Garten

Der Gipfel sind Sie von wonnenreichen Scharen

Wir sind in der Liebe Prolog

Kommen wir zum Thema, mit oder ohne Epilog

Wann werde ich Sie in meinen Armen halten ?

Zwischen uns höhere Mächte walten !

Himmelsblau und Himmelsweiß liegen im Tanze

Für Sie breche ich jede Lanze

Sie sind der Schönheit höchste Synthese

Ich wahre das Maß und meide die Exzesse

Mein Geschmack ist zufrieden nur mit dem Besten

Sie sind die Klügste und die Schönste

Tun Sie mir nur einen Gefallen

Lieben Sie nur mich, ich bin Ihnen hilflos verfallen

Psychiatrie ist nicht meine Domäne

Wen kümmert unser Kommen und Gehen ?

Es ist Zeit für unserer Herzen Konvergenz

Ich liebe nur Sie und lebe in Abstinenz

Das Blau des Himmels ist unendlich

Die Menschen zanken sich, ob religiös oder weltlich

Ich ahne es, die Liebesnacht naht

Die Spröße keimen erst nach der Saat

Sagen Sie der Liebe absolutes Ja

Ich springe in die Lüfte und sage Hurrah

Sehen Sie mich nicht immerfort als Kranken

Ich bin ein Sir, gehöre nicht zu den Lebenswraken

Anmutige, ich liebe Sie über alles

Mein Liebeswort ist das eines Mannes

Zwischen uns herrscht eine Synchronität

Sie sind meines Herzens höchste Priorität

Mein Herz lebt in gespanntem Erwarten

Ich liebe nur Sie und spiele mit offenen Karten

Sie sind mein süsser Liebestraum

Voll mit Atomen der Liebe ist mein Weltraum

Sie sind mein ungestilltes Verlangen

Ich liebe nur Sie, habe keine Angst, Zittern und Bangen

Diese Liebe ist keine Attrappe

Gehen wir Hand in Hand an der Liebe Rampe

Ich fliehe nicht in die Ideale der Masse

Mittelmäßige Anpassung verspotte ich und hasse

Dem Alleinsein kann man nicht entrinnen

Solch´ eine Liebe werde ich leider nicht wieder finden

Wenn ich Sie sehe, bleibt mein Herz stehen

Der Himmel vernimmt meine Liebeswehen

Sie sind mein Traumbild, das auf der Erde lebt

Große Liebe immer über der Erde schwebt

Ihre Bewegungen erinnern mich an spielende Quellen

Die Anmutigste sind Sie von allen Seelen

Pfeile der Liebe schießen Ihre Augen

Schlafen wir miteinander, es wird schon tagen

Göttin, durchschreiten wir der Liebe Tor

Sie sind die Diva im himmlischen Chor

Überwinden wir der Liebe Hindernisse

Ich will Sie ganz haben, lautet meine Prämisse

Treffen wir uns ohne falsche Scham

Ich liebe nur Sie und sammle keinen wertlosen Kram

Unsere Liebe ist ein Teig noch und kein Kuchen

Finden kann man nicht durch suchen

Öffne Dich, tausendblättriger Lotos

Wurzeln schlägt die Liebe durch den Koitus

Enthaltsamkeit kommt durch gelebte Leidenschaft

Andacht ist die Krone, die Meisterschaft

Streicheln will ich Ihre Seele

Zwischen Gut und Böse nicht wähle

Schwingen wir uns auf der Liebe Schaukel

Von Ihrem Herzen nicht zu wissen, wäre Makel

Die Weisheit liegt in der Akzeptanz der Gegensätze

Taten braucht die Liebe und nicht nur Vorsätze

Der Mensch ist ein Universum in Miniatur

Getränkt in Liebe ist jede Kreatur

Die Weisheit liegt in der Akzeptanz der Gegensätze

Taten braucht die Liebe und nicht nur Vorsätze

Der Mensch ist ein Universum in Miniatur

Folgen Sie dem Liebesruf Ihrer Natur

Weisheit liegt in der Akzeptanz der Gegensätze

Taten braucht die Liebe und nicht nur Vorsätze

Der Mensch ist ein Universum in Miniatur

Folgen Sie Ihres Herzens weiser Natur

Für Sie habe ich nur festtagsfröhliche Worte

Sie sind die Frau von der göttlichen Sorte

Der Eros bewegt den ganzen Kosmos

Seien wir keine Ausnahme, das besagt der Logos

Ohne Sie verlaufen die Tage wie Äonen

Liebeskummer hatten auch die Pharaonen

Zwischen Ärzten und Patienten entwickeln sich große Leidenschaften

Ich hasse die Macht und ihre Machenschaften

Ich will mit einer anderen Frau nicht Vorlieb nehmen

Sie sind die Königin meines Herzens, bitte tadeln Sie nicht mein
Liebesbenehmen

Mit Herzklopfen treffe ich Sie in Ihrer Gasse

Sie sind mein Glücksstern, konditioniert ist die Masse

Das Geheimnis Ihrer Schönhcit ist cxplosiv

Ich liebe nur Sie und bin kreativ

In der Tiefe des Ozeans verbirgt sich die Perle

Ich ertauche sie für Sie, bin der feinste aller Kerle

Sich verschenken lautet der Liebe Prinzip

Der Verstand ist der ewige Zappelphilipp

Holen wir heraus das Maximale aus dieser Liebe

Ich bin Sand und nicht Öl im Getriebe

Heiterkeit ist das Wort aller Lehren

Die Politik hat vieles unter den Teppich zu kehren

Grübeln kann Leid nicht hindern und Glück nicht mehren

Große Liebe wird immer wiederkehren

Warum können Sie mich nicht lieben?

Sie können doch Ihren Beruf beiseite schieben

Liebe ist das höchste Gesetz

Folgen Sie Ihrem Herzen und der Liebe nicht widersetz!

Bin ich nicht schön genug für Sie, bitte sagen Sie mir Bescheid

Oder bin ich nicht reich und gescheit?

Ich liebe nur Sie, das ist mein Eid

Lieben Sie mich auch? Was ist Ihr Entscheid?

Ich kann Sie nicht vergessen, habe keine Amnesie

Der Liebe bin ich treu und keiner Ideologie

Verbunden bin ich mit Ihnen durch Telepathie

Ich bin gern unter Menschen, habe keine Agoraphobie

Ich will Ihnen geben einen Schmatz

Von allen Schätzen Sie mein größter Schatz

Die Zirze verwandelte die Männer zu Schweinen

Das Leben ist zum Lachen und zum Weinen

Ich bin sicher, Sie haben auch Gefühle

Zeigen Sie sie mir und in Liebe erblühe

Liebe ist ein unveräußerlicher Wert

Liebe mich auch, daran ist nichts verkehrt

Sie sind mir ein Geheimnis und ein Rätsel

Ich schicke Ihnen viele Liebeszettel

Ich könnte für Sie füllen der Liebe Bände

Das Universum hat kein Anfang und kein Ende

Ein scharfes Ding Namens Liliane

Liebt mich vielleicht auch und verzieht keine Miene

Ohne Ihre Liebe ist mir die Welt zu kalt

Nur Ihr Herz ist mir sicherer Aufenthalt

Die Blumen Ihres Herzens dürsten nach der Liebe Regen

Ich regne für Sie meiner Liebe Segen

Fegen wir weg das Ego-Gespinst

Kopf oder Zahl, Du mein Herz gewinnst !

Sie sind der rote Faden in meiner Liebes Träume

Mein Hohelied der Liebe durchdringt alle Welträume

Bei den Spektakeln dieser Welt ich länger nicht säume

Außer Ihrer Liebe ist alles nur Schäume

Sein oder Nichtsein – das ist die Hamlet´sche Frage

Verletzt jemand Ihre Schönheit, so gerate ich in Rage

Die Geschichte besteht aus lauter Sarkophage

Liebe mich nur, denn keiner weiß, was wird uns bescheren die Ewigkeit, die
Sekunden und die Tage

Ich liebe nur Sie, schließen Sie Ihrer Wissenschaft Bücher

Am Ende bleibt nichts übrig außer Leichentücher

Wissenschaft und Philosophie sind verstummt

Was ist der Sinn? Was ist das Ziel? Mein Kopf von diesen Fragen brummt

Sie sind ein Genie der Schönheit, das sage ich
Ihnen mit der gebührenden Achtung

Für Politik und Machtspiele habe ich nur Verachtung

Sie sind meines Herzens süße Anemone

Ich beichte meine Liebe allen mit Lautsprecher und Mikrophone

Meine Liebe zu Ihnen ist meine Speise

Mein Herz zu Ihnen wagt die Reise

Bin ich bei Ihnen angekommen

So sind alle Schätze dieser Welt gewonnen

Das ist die Wahrheit und kein eitler Trug

Ich liebe Sie mit jedem Zug

Auf dem Schachbrett meines Lebens

Bleiben Sie die Königin meines Strebens

Ich bin jenseits von Gut und Böse

Ich träume von Ihnen und döse

Erwache ich von meinem Traum

So erfüllen Sie meinen inneren Raum

Meine Liebe zu Ihnen ist keine Mär

Von allen Menschen soll ich sein Er

Würde ich Sie jetzt lieben

So gelänge ich zu großer Weisheit hienieden

Das Spähen aus der Ferne ist nicht mein Geschäft

Wir können uns näherkommen ohne jedes Heft

Würden wir privat sprechen

So könnten wir jedes Tabu brechen

Meine Gefühle haben Hochsaison

Bitte bringen Sie mich nicht zur Räson

Soll ich klug und weise sein

So küsse ich Sie im Vorhinein

Meine Lippen flüstern Ihnen das Wort

Sie sind zugegen an jedem Ort

Das Schicksal bleibt mir selbst nicht erspart

Sie haben noch nicht Ihr Herz offenbart

Sie sind von unbeirrbarem Adel

Eine Schönheit, einfach ohne Tadel

Spitzfindige Philosophen können meine Liebe nicht erklären

Mit Ihnen gelange ich zu den höchsten Sphären

Von dem Lebenssaft trank ich zuviel

Unablässig beharre ich und forme meinen Stil

Heitere Liebe, wann ergeben Sie sich ?

Einen Zuckermund haben Sie, und ich küsse ihn

Holdes Antlitz, die Glut meines Herzens ist entfacht

Hingerissen bin ich von Ihnen Tag und Nacht

Gelesen hab´ ich es an der Wange der Zeit

Eßt nur die süsse Frucht und freut euch zu zweit"

Die Rechnung meines Lebens wäre geschlossen

Wären Sie in meinen Armen umschlossen

Ihr Antlitz stahl einen Lichtstrahl des Göttlichen

Ach, welcher Dämon will denn meine Liebe nicht ermöglichen ?

Mein Herz brennt lichterloh

Oh Traum der Ekstase bin ich froh

Die Winde tragen mein Geheimnis

Erreich ich Sie nicht, so ist das mein Verdammnis

Ich kenne der Liebe innere Alchimie

Zufrieden bin ich nicht mit einem Remis

Löwenkühn bin ich, bezaubernde Gazelle

Ich messe nur mit einer Elle

Eingebettet sind Sie in meiner Liebe

Ohne Sie ein letzter Hauch – ich schwinde

Ich weiß ganz und gar

Solch eine Liebe ist kostbar und rar

Ihre Schönheit ist schleierlos

Die Liebe ist ein Meer – uferlos

Einen Hauch bringen Sie vom Jenseits hinein in diese Welt

Egal wo Sie sind, schlag ich auf mein Zelt

Ich bin ein Kenner der Schönheit

Wie reizend Sie sind, das weiß jede Hoheit

Würden Sie von der Welt verschwinden

So würde jeder Glanz im Nu entschwinden

Anmutige – Sie zu haben, Sie zu lieben

Übersteigt Himmel Nummer sieben

Glauben Sie bitte nicht, ich sei ein Phantast

Unsere Liebe wohnt in einem himmlischen Palast

Diese Liebe ist der Freude Born

Sie erwecken mich wie ein heiliges Horn

Was für ein seltsames Geschick

Die Ewigkeit währt wie ein Augenblick

Mein Herz jubelt, wenn ich in Ihrer Huld

Auf Ihres Kusses Hauch warte ich mit Geduld

Fallen auf dem Weg der Liebe gibt es deren Zuhauf

Ich setze Ihnen einfach die Königinnenkrone oben auf

Oh kommen Sie, bevor die Nacht verstreicht

Sehen Sie, der Vollmond hat seinen Glanz erreicht

Im Garten meiner Wünsche

Sind Sie der goldige Apfel und ich der Schütze

Das Leben ohne Liebe ist ein Jammertal

Ein Strahl der Schöpfung durchdrang das Erdental

Verwundet schau ich auf Ihres Herzens Regenbogen

Berauscht bin ich, die Trübsal ist mir im Nu fortgeflogen

Verliebt bin ich vom Scheitel bis zu den Sohlen

Eifersüchtig sind die Götter und schauen verstohlen

Ihres Herzens heiliges Gemach will ich betreten

Diese Liebe sprengt einfach alle Ketten

Erfüllt von meiner Liebe ist das All

Oh herrlicher, duftender Rosenwall

Mein Idol sind Sie geworden

Die übrige Welt ist nur verdorben

Mein Herz folgt keinem fremden Diktat

Fürchten Sie sich nicht, diese Liebe ist kein Eklat

Rosen regnen auf uns herab

Arm bin ich, Ihnen fernab

Das Leben ohne Liebe, was für eine Schmach

Gestatten Sie niemals meine Liebe mit Ach und Krach

Ich will Sie vollends haben

Diese Liebe kann alt werden wie die Raben

Kommen Sie unter die Blüte meiner Liebe

Mein Herz haben Sie geraubt, es lachen auch die Diebe

Ich stehe an der Schwelle Ihrer Tür

Eingebind des Himmels ist meine Frohnatur

Im Nachthimmel ist der Mond verschleiert durch die Wolken

Ich liebe Sie in der Nacht und am Morgen

Für Sie reime ich mein Zauberwort

Sie sind meines Herzens Wallfahrtsort

Strahlende – haben Sie den Ruf meiner Liebe vernommen ?

Von Ihnen haben die Nachtigallen ihren Gesang entnommen

Habe ich Widersacher, oder bin ich allein ?

Sein oder Nichtsein – werden Sie doch mein !

Meine Liebe zu Ihnen ist mein Verhängnis

Ein freier Vogel bin ich, ohne jedes Hemmnis

Ich küsse Ihre Zuckerlippen

Und buchstabiere Ihres Namens Silben

Ins Korn werfe ich nicht die Flinte

Ich liebe Sie ohne jede Finte

Diese Liebe steigt hoch wie ein Aar

Erlesen habe ich es von Ihrem himmlischen Augenpaar

Was für ein Wuchs, herrliche Zypresse

Für Sie springe ich in die Bresche

Ihre Augen spiegeln die Ewigkeit

Diese Liebe geht ein in die Unsterblichkeit

Ich bin berühmt für meine Liebesflechten

Fürchte mich keineswegs vor Gefechten

Habe ich Sie an meiner Seite

So nehm ich Sie auf mein Roß und reite

Oh, wie ist das Leben wandelbar

Am Anfang ein Kuß, das wäre wunderbar

Setzen wir unsere Liebe heiter fort

So ist das Paradies an jedem Ort

Ihr stolzes Haupt ist mein Altar

Entfesselt ist meine Liebe, verstandesbar

Im Blütenschatten Ihrer Augenbrauen ruhe ich mich aus

Gelebt hab´ ich in Saus und Braus

Nach Ihnen schmachtet mein Herz

In meiner Einsamkeit sind Sie die brennende Kerz´

Das Wunder unserer ersten Liebesnacht

Das Wasser sprudelt aus diesem Brunnenschacht

Der Morgenwind küßt der Rosen Wange

Die Liebenden sterben für einander, das ist die Sage

Erweitert haben Sie mein Herzensfeld

Ohne Sie ist die Welt ein Trümmerfeld

Der Mensch ist nicht geboren zu kriechen, sondern zu fliegen

Ach, ich will an Ihrer Wange mich schmiegen

Sie und ich, was für ein himmlisches Geschoß

Der Eros zögerte nicht und schoß !

Ein liebes Wort von Ihnen, und ich fliege zu den Sternen

Die Saat geht auf, wir können ernten

Liebe gestattet keinen Verzug

Feiern wir beide der Liebe Siegeszug

Ich liebe Sie in der Glänze meiner Gänze

Ich bin nicht im Unterricht und schwänze

Sie sind meines Herzens Evangelium

Weisheit hat nicht zu bieten das Kollegium !

Der Schimmer unserer Liebe wächst langsam

Ihre Stimme ist reiner Balsam

Sie sind der Liebe festliches Mahl

Wir sind am Gipfel und die Anderen im Tal

Es ist heller Mittag und die Spatzen schilpen

Brennendes Feuer sind meine Lippen

Unsere Liebe ist ein Schmetterling, der fliegt

Ach´ wenn Sie wüssten, wie schwer diese Liebe wiegt !

Der Liebe sind Sie wandelnder Beweis

In Ihrer Nähe schmelze ich wie Eis

Die Liebe ist ein Ozean

Manieren hab ich, bin kein Grobian

Diese Liebe spendet mir Erquickung

Frei bin ich von jeder Weltverstrickung

Ich sah Sie in meinem Traum mit einem
Lichtgewand kommen

Oh Gott, wie deute ich dieses Omen ?

Sie sind eine Augenweid

Für Sie brech ich jeden Eid

Die Königinnen sind erfüllt voll Neid

Lieben Sie mich und Heuchler meid´ !

Wo liegt des Pudels Kern ?

Sie leuchten wie ein großer Stern !

Welcher Gott hat Sie zur Erde gesandt ?

Mein Herz liegt in Feuerbrand

Die Männer stehen zu Ihnen wie Vasallen

Diese Liebe geht ein in die Annalen

Für Sie hisse ich meines Herzens Fahnen

Das ist die Frau deines Lebens, sagen mir auch die Ahnen

Der Tod stürzt uns in das große Schweigen

Die Schönste sind Sie in aller Frauenreigen

Ich glaube, wir sind wesensverwandt

Adam aß den Apfel und verstand

Wirkliche Weisheit ist nicht steif

Beißen wir in den Apfel, unsere Liebe ist reif

Im Labyrinth dieser Welt

Führt jeder Weg in Ihr Liebeszelt

Diese Liebe erfasst das ganze Spektrum

Ich komm zu Ihnen mit Leier und Plektron

Gottes Liebe steht im Evangelium

Fangen wir also an mit diesem Mysterium

Mein Herz ist ehrfurchtsvoll und wallt

Der Künstler singt und lallt

Ist unsere Liebe nur eine Episode ?

Nein, unsere Liebe ist der Freude Ode !

Im Netz dieser Liebe bin ich gefangen

Im Fluß der Zeit bleibt nichts enthalten

Die Liebe braucht immer zwei

Werden Sie meine bessere Hälfte und mit mir sei !

Carpe diem lautet meine Weisheit

Verschmelzen mit Ihnen wäre meine Seeligkeit

Barock und Rokoko sind beides Kunst

Ihr Kuß wäre Siegel und Mal Ihrer Gunst

Sie sind präsent in meinen Syllogismen

Für Sie spinne ich meine Aphorismen

Die Vögel zwitschern, der Frühling erwacht

Ich küsse Ihren Rosenmund ganz sacht

Der Liebe bin ich großes Talent

Sie sind der hellste Stern am Firmament

Zollen wir beide Tribut der Natur

Egal wo Sie sind, ich folge Ihrer Spur

Eine leise Stimme sagt mir, das Glück ist innen

Liebestrunken bin ich und will singen

Sie verschönern einfach die Natur

Teil an Gott hat jede Kreatur

Wann gebe ich Ihnen einen dicken Gutenachtkuss?

Verliebt bin ich von Kopf bis Fuß!

Liebe transzendiert Raum und Zeit

Ihr Antlitz überstrahlt alle Frauen weit und breit

Jeder Tropfen dieser Liebe spendet mir Behagen

Die Welt ist nichts als Qualen und Klagen

Meinen Becher strecke ich Ihnen entgegen

Füllen sie ihn mit Wein Ihres Mundes Segen

Ich liebe Sie wie ein Abgott

Diese Liebe ist jenseits vom Tod

Vom Körper muß die Seele scheiden

An Ihrem strahlenden Antlitz kann sich mein Blick weiden

Die Sonne erleuchtet die Erde jeden Tag

Den ersten Schritt zu mir wag´

Die Rose lächelt ganz verhohlen

Die Götter haben mir diese Liebe empfohlen

Ich sitze im Cafe und guck auf die Straße

Ich liebe Sie über alle Maße

Interessiere mich übermäßig für nichts

Außer für die wunderbaren Züge Ihres Gesichts

Die Welt ist aus dem Stoff der Träume gemacht

Liebe ist die größte Macht

Ewiges Feuer der Liebe haben Sie in mir entfacht

Ich liebe nur Sie, meine Herzenspracht

Diese Liebe ist groß, runzeln Sie nicht die Stirn

Wir sind des Eros Zweigestirn

Verläuft in meinem Liebesstreben alles glatt

So bringe ich Ihr Herz in Schachmatt

Die Präsenz der Absenz

Das tiefste Rätsel der Existenz

Machen wir der Liebe Empirie

Ohne Liebe ist das Leben eine Tragödie

Ich bin weder Flegel noch Pöbel

Setze für diese Liebe die Segel

Der Liebe bin ich ein Aristokrat

Gegenüber Frauen bin ich kein Phallukrat

Sie sind pikant, lässig und ungezwungen

Ich liebe nur Sie, das sage ich unumwunden

Die Fliegen sind gefangen im Spinnennetz

Seien wir in Kommunion von Herz zu Herz

Sie sind der Rauch und Feuer meiner Kunst

Bin ich Ja oder Nein in Ihrer Liebesgunst ?

Sind Sie vielleicht eine leichtfüßige Seele ?

Zaudern Sie nicht und mich wähle !

Crescendo des Lebens ist der Tod

Die Geschichte ist voller Wahnsinn und Mord

Ich liebe Sie einfach ohne Gründe

Und wuchere mit meinem Pfunde

Die Liebe ist die einzige Therapie

Das Leben ist auch eine Komödie

Gefärbt ist diese Liebe scharlachrot

Küssen Sie meinen Mund, so erwach ich von meinem Tod

Sie sind meines Herzens Auserwählte

Flitterwochen und dann Vermählte

Tanzen wir in der Liebe glänzendes Parkett

Ich liebe nur Sie, Ihr Blick ist kokett

Anmutige, ich liebe Sie über alles

Mein Liebeswort ist das eines Mannes

Zwischen uns herrscht eine Synchronität

Sie sind meines Herzens höchste Priorität

Im Garten Eden begann die ganze Geschicht´

Ihr Rubinmund, ein Traum, ein Gedicht

Sind Sie allein, oder nicht ? Schreiben Sie mir Bericht

Rötet sich Ihre Wange vor Liebe nicht ?

Die Liebe ist eine göttliche Manie

Der Verstand trifft sie auf seinen Wegen nie

Man muß haben ein verrücktes Herz

Von beiden Enden her brennt meine Kerz´

Die Wissenschaft versteht die Liebe nicht

Sie ist aggressiv und praktiziert nicht

In den höheren Sphären herrscht Gnade und Licht

Bleibt unerfüllt diese Liebe, mein Herz bricht

Entweder lieben Sie oder Sie lieben nicht

In Graden ist gestuft die Liebe nicht

Das Herz pulsiert in meinem Gedicht

Liebe ist Freiheit und keine Pflicht

Die Eleganz tanzt Ihnen um die Nase, um den Mund

Fallen wir freudig in der Liebe Abgrund

Sie haben ja meines Herzens Befund

Vergraben tue ich nicht mein Pfund

Ich folge der göttlichen Route der Schönheit

Verschlossen bleiben die Mysterien der Mehrheit

Liebe ist eine Frucht der Alleinheit

Der Nektar Ihres Mundes verleiht mir Trunkenheit

Stürzen wir uns in die Romantik des Unbekannten

Der Liebe letzte Worte gehören zum Ungesagten

Die Weisheit der Liebe heißt, genieße und schweige

Liebestrunken bin ich und meine Wörter Reime

Der Schmelz der Jugend wird einmal verblassen

Lieben wir uns im Hier und Jetzt und allen Streit lassen

In tiefer Liebe begegnest Du Gott

Der Tropfen wird zum Ozean und das Ego ist fort !

Mein Herz lebt in gespanntem Erwarten

Ich liebe nur Sie und spiele mit offenen Karten

Sie sind mein süsser Liebestraum

Voll mit Atomen der Liebe ist mein Weltraum

Sie sind meines Herzens ewige Versuchung

Wahre Liebe gebietet der Herzen Enthüllung

Ihr Lächeln ist der Leidenschaft Verhüllung

Ihr Nein wäre meiner Herzens Verwundung

Ich starre ins Feuer Ihrer Augen

Sie sind der Liebe Traumgestalt, ich kann es nicht glauben

Der Natur liebe ich bizarre Formen

Diese Liebe ist empyräisch, sprengt alle Normen

Ich bin der Liebe ein Romantiker

Und der Dummheit ein Sarkastiker

Schwingen wir uns empor in der Liebe Lüfte

Wenn man liebt, ist man reich auch in einer Hütte

Mit Ihnen koste ich die innigsten Schauer

Die Liebe ist eine Brücke und keine Mauer

Was haben zu melden meine Kontrahenten ?

Ich steche sie alle aus, sind alles nur lahme Enten !

Auf Ihrer fürstlichen Stirn tragen Sie der Liebe Zeichen

Haß kann mit Haß nicht weichen

Löwen und Adler sind meine Symbole

Sie sind mein Schatz, lautet meine Liebesparole

Ich trage weder Sorge, noch habe ich Verdruß

Ich laß mich treiben auf dem Lebensfluß

Gelebt hab ich auf großem Fuß

Ich liebe nur Sie, das ist mein ewiger Beschluß

Göttin, durchschreiten wir der Liebe Tor

Sie sind die Diva im himmlischen Chor

Überwinden wir der Liebe Hindernisse

Ich will Sie ganz haben, lautet meine Prämisse

Machen wir aus der Liebe einen Tempel

Diese Liebe ist der Harmonie Exempel

Das Wesen der Seele ist Ewigkeit

Der Körper ist nur die Hülle, reine Sterblichkeit

Wie schön das Liebesfeuer meine Wange färbt

Der Dichter für seine Geliebte Verse webt

Wann wird sich Ihr Haupt der Liebe ergeben?

Sind Sie allein, oder sind Sie schon vergeben ?

Für Sie habe ich nur festtagsfröhliche Worte

Sie sind die Frau von der göttlichen Sorte

Der Eros bewegt den ganzen Kosmos

Unsere Liebe ist beides, Eros und Logos

Die Liebe hat ihre Fluktuationen

Ich bewundere Ihres Körpers göttliche Proportionen

Der Liebe sind Sie Harmonie in allen Variationen

Gleichmut bewahre ich in allen Lebenssituationen

Im Zickzack verläuft des Menschen Evolution

Sie sind eine starke Person mit Emanation

Liebe ist des Herzens Revolution

Ich liebe nur Sie, interessiere mich für keine andere Option

Ich trage keine Krawatte und gehe nicht ins Büro

Was nützen mir ohne Sie Yen, Dollar und Euro ?

Ihre Schönheit ist Ihr Kapital

Bitte schütten Sie aus Ihre Dividende, ich liebe Sie fatal

Meine Stärke paart sich glänzend mit Ihrer Zartheit

Die Menschen leben in Heuchelei und Falschheit

Sie schweigen wie eine Sphinx

Lieben Sie mich auch, so steige ich aus der Asche wie ein Phönix

Strahlende--, meine Gedichte sind der Wahrheit Spiegel

Bitte rollen Sie sich nicht zum Ball wie ein Igel

Ich vergöttere von Ihnen jeden Körperteil

Denn alles ist geheiligt, ich sehe keinen Nachteil

Ich werde Ihnen jeden Wunsch von den Augen ablesen

Das Bewusstsein ist das Licht, alles Andere wird verwesen

Höre ich Schritte an meiner Tür, werde ich hellhörig

Vielleicht sind Sie es ja, und mein Herz freut sich gehörig

Materie oder Geist, da scheiden sich die Geister

Über die letzten Dinge schweigen auch die Meister

Meine Liebe zu Ihnen ist meine Religion

Albern kommt mir vor jede Konfession

Die Liebe ist eine Harmonie und keine Monodie

Hat man nicht geliebt, so bleibt nur übrig der leere Schall der Nekrologie

Ich bin im Park und summe meine Lieblingsmelodie

Wahre Liebe übersteigt Chemie, Physiologie und Biologie

Am grünen Ufer der Liebe will ich verweilen

Sie genüsslich liebkosen, ohne mich zu beeilen

Das Leben ist zu kurz für Klagen und Trauer

Freuen wir uns, lieben wir uns und durchbrechen wir der Ego Mauer

Der frohe Lenz tanzt in unseren Herzen

Für Sie brennen alle meine Liebeskerzen

Die Nachtigallen in Liebeslaune singen magisch bis zum frühen Morgen

Nur in Ihren Armen fühle ich mich geborgen

Der Prophet ist der Bruder des Poeten

Der Mensch liegt überall in Ketten

Liebe mich auch, lautet meine Epiklese

Sie sind der Schönheit wunderbare Auslese

Selbst die Sterne haben Ihnen nachgejagt

Sie haben sie an Schönheit und Glanz überragt

Jeder Stern hat sich mit einem Gebet an Gott gewagt

Und wollte Ihre Schönheit haben, bevor es tagt

Auch die Sterne wollen uns zu dieser Liebe lenken

Und uns berauscht sehen in des Himmels Schänken

Werden Sie sich heute Nacht an mich verschenken?

So werde ich an die himmlische Wurzel Ihres Herzens gedenken

Diese Liebe in Regenbogenfarben schillert

Die trunkene Nachtigall jubiliert und trillert

Mein Kuß ist ein Meteor, der überall Ihren Mund wittert

Schauen Sie, wie dieser Sternenkuß vor uns erzittert

Sie sind so schön – zum Anbeißen

Ich werde den Strick der Liebe von den Engeln heute Nacht für Sie entreißen

Jeder Kuß von Ihnen schickt mich zu Weltreisen

Und vermählt mich mystisch mit dem Sternenchor, dem Leisen

Vor Ihrer Schönheit der Mond erblasst

Und jede Rose die Schönheitskrone Ihnen überlasst

Nur mit Ihnen will ich sein gebunden an der Liebe Mast

Denn jeder Kuß von Ihnen befreit mich von der Erden Last

Ich will Sie unendlich mit meinen Küssen zieren

Und den fernsten Stern unserer Liebe anvisieren

Dann in Gottes Schaukel mit den Sternen musizieren

Und den Königsthron meines Herzens nur Ihnen reservieren

Jeder Kuß von Ihnen ist zu Gott eine Sprosse

Sie beschleunigen den Antrieb meiner Dichtung Rosse

Sie schaukeln mein Herz in Liebe in Ihrem Schosse

Und ich schlafe ein, während Ihr Stern mich liebkose

Außer Ihrer Küsse schleppe ich kein unnötiges Gepäck

Denn sie sind mir der Kompaß auf der Liebe göttlichen Weg

Sie waschen mich rein von jedem mir geworfenen Dreck

Und meine Sehnsucht umhüllt Sie göttlich um jedes Eck

Jeder Kuß von Ihnen entschlüsselt Gottes Geheimnis

Und träuft Nektar in meine Dichtung und verzaubert die Reimnis

Ihr Feuerkuß ist gegen den Tod mein Harnisch

Und verführt zur Liebe jeden Engel theatralisch

Mit Küssen soll unsere Liebe beginnen

Und jedem bösen Blick entrinnen

Das letzte Geheimnis werden wir abgewinnen

Denn wach rufen sie uns – die Gotteszinnen

Wann feiert unsere Liebe ihre Premiere ?

Wann erheben sich die Küsse zum Himmel von dem Parterre ?

Wann wird vor Liebe schäumen das Herz unserer Liebesmähre?

Und uns krönen mit der universellen Leere ?

Der Mond ist mit dem Nachthimmel königlich gepaart

Und sein Antlitz Ihrem zarten Kuß mir offenbart

Die Sterne enthüllen sich auf ihre Art

Und beten Sie an, wie erstarrt

Liebe ist immer Gottes Wein

Nur mit Ihnen will ich sein – allein

Im Wald oder in der Wildnis

Trage ich immer Ihrer Schönheit Bildnis

Oben am Nachthimmel lacht der Mond im Stillen

Wahre Liebe befreit und will nicht drillen

Kommen Sie in meiner Liebe offenes Meer

Jeder Tag vergeht und ich lieb′ Sie immer mehr

Was für eine Schönheit und Augenweide

So eine wie Sie finde ich überall keine

Jeder hat die Seine

Lieben Sie mich auch und werden Sie doch meine

Sie haben eine magnetische Ausstrahlung

Mein Gemüt gerät in Wallung

Den Mensch kann befreien nur die Erfahrung

Erfüllt sich unsere Liebe, was ist die Wahrsagung ?

Lieben Sie mich auch, bin ich im Paradies

Die Weisheit lautet: „Sei flexibel und fließ!"

Sie sind mein Diamant, links liegen lasse ich die Kieselsteine

Ich verherrliche nur Sie mit meiner Liebes Reime

Sie sind der Rauch und Feuer meiner Kunst

Bin ich Ja oder Nein in Ihrer Liebesgunst?

Sind Sie vielleicht eine schüchterne Seele ?

Zaudern Sie nicht, und mich wähle !

Wenn ich Sie sehe, bleibt mein Herz stehen

Der Himmel vernimmt meine Liebeswehen

Sie sind mein Traumbild, das auf der Erde lebt

Große Liebe immer über der Erde schwebt

Auf Ihrem Munde blühen tausend Margeriten

Ich liebe nur Sie, welcher Teufel hat mich geritten
?
Ihre Stimme will ich trinken und Ihre Nähe atmen

Wo Liebe ist, können auch in der Wüste Spröße keimen

Geliebte, Mutter, Göttin – Sie sind alles drei

Vom Diesseits und Jenseits bin ich frei

Ich fasse keine Entschlüsse und mache keine Gelübde

Verneinen Sie nicht diese Liebe, es wäre höchste Sünde

Sie sind der Baum der Liebe – spenden Sie mir Ihren Schatten

Liebe ist ein leeres Wort ohne Taten

Diese Liebe ist ein Höhenflug zu den Sternen

Sie sind mir ans Herz gewachsen, ich kann Sie nicht entbehren !

Diese Liebe ist zu den Sternen ein Höhenflug

Lassen wir diese Liebe werden Acker und Pflug

Aus dem Chaos wurden Gaia und Eros geboren

Ich habe Sie zu meiner Geliebten auserkoren

Paradiesische Eva, Sie sind die Mutter aller Wesen

Diese Liebe kennt keine Spesen

Mit Ihnen atmet auf - das Märchen und der Traum

Ihr Bildnis trägt der Abendwolken goldener Saum

Ihre Augen sind funkelnde Magie

Genuß kann nicht lehren die Philosophie

Diese Liebe ist die Pforte der Erkenntnis

Sie sind meine große Liebe, lautet meine Erkenntnis

Sie sind der Wollust lichte Macht

Ich liebe nur Sie und schlag meine Leier ganz sacht

Von des Paradieses Zinnen ruft uns Gott:

„Liebt euch hier und jetzt, sonst bereut Ihr es immerfort !"

Vergeht ein Tag ohne Liebe, so ist es ein Verderben

Göttin der Liebe Zauber, ich will Sie erwerben

An Ihrem Antlitz aller Männer Blicke kleben

Unsere Liebesgeschichte wird stolz das Morgen erben

Treffen wir uns ohne falsche Scham

Ich liebe nur Sie und sammle keinen wertlosen Kram

Unsere Liebe ist ein Teig noch und kein Kuchen

Auf welchem Weg, auf welcher Straße soll ich Sie suchen ?

Die Liebe ist die Rast von des Lebens Mühsal

Ich bin freudig und blas´ kein Trübsal

Ich erzittere vor Eros´ Beben

Mit Ihnen gehe ich auch ins Verderben

In der Wüste des Lebens ist die Liebe Oase

Ich folge meinem einsamen Pfad und nicht der Masse

Diese Liebe ist von den Göttern vergönnt

Lieben Sie mich auch, dann ist diese Liebe gekrönt

Wo Liebe ist, herrscht Stille

Sie zu haben ist mein einziger Wille

Meine Liebe zu Ihnen kann ich nicht tilgen

Wann fängt das Orchester an unsere Liebe zu spielen ?

Schreiben wir selbst das Drehbuch unserer Liebe

Ich bin schwer verliebt, Sie bekommen alle meine Liebesbriefe

Seien wir in Einem die Autoren, die Schauspieler und das Publikum unserer Liebe

Liebe ist universal, sie umfasst selbst Pflanzen, Steine, Insekten und Tiere

Unsere Namen sind geschrieben auf des Himmels Palimpsest

Sie werden wieder verwischt werden, feiern wir davor unser Liebesfest

Ich liebe nur Sie, es gibt für mich keine Palimodie

Lieben Sie mich auch – und seien Sie meines Herzens keine Häresie

Als Liebesbeweis will ich Ihnen die Sterne und den Mond schenken

Dann mit Ihnen tanzen und frohe Becher schwenken

Ereilt uns die Nacht bei unserem Liebesfest

Schlafen wir miteinander in unserem Liebesnest

Ihre Küsse erreichen der Liebe Gipfel

Lieben wir uns am Baum der Liebe Wipfel

Die Liebe ist meiner Seele Tanz

Mit Weinlaub flechte ich unserer Liebe Kranz

Die Liebe wird sein niemals ein Anachronismus

Meine Liebe hat Herzensblut und ist kein Syllogismus

Bankrott ist jeder Szientifismus

Hoch lebe der Optimismus !

In tiefer Liebe verbrennen alle Worte und Gedanken

Hat Dich Gott, lösen sich auf alle Deine Fragen

Denn im göttlichen Rahmen

Herrscht nur Liebe jenseits aller Namen

Gott ist Inspiration und nicht nur Fleiß

Sie sind die Herzkönigin auf meiner Liebe Gleis

Nur mit Liebe schmilzt des Ego Eis

Ich liebe nur Sie und bin ganz heiß

Die Wolke unserer Liebe will weinen

Sie will uns erfrischen und ergötzen, sagen Sie es keinem

Diese Liebe prangt schöner als alle Blüten

Und erhebt uns glorreich zu Gottes Lüften

Die Geburt Gottes ist die größte Geburt

Das Ego leidet immer und murrt

Plötzlich bist Du im Genuß absoluter Freiheit

Und genießt Gottes absolute Einheit

Liebe macht geschmeidig und weich

Entlassen sind Sie von dieser Welt und ganz reich

Ihre Augen werden zu einem schönen stillen Teich

Nur Küsse mir bitte verabreich´

Ich galoppiere durch die Welt mit Liebe und Poesie

Sie sind meiner Sinne dauerhafte Optasie

Solch eine Liebe hat nicht gesehen keine Genealogie

Wahre Liebe ist nicht Logik, sondern die reinste Paralogie

Ich kann Sie schwer vergessen

Ihr Herz leuchtet wie Gottes Wesen

Lieben Sie mich nicht, bin ich wortlos und mich erfasst die Trauer

Außer dem Wandel ist in dieser Welt nichts von Dauer

Der Mensch ist eine Trichotomie, sagt die Philosophie

Ich bevorzuge nur der Liebe Terminologie

Nur Sie können meinen Liebesdurst stillen

Mein Herz ist in Ihren Händen, ich habe mehr keinen Willen

Ihr Kuß ist der Liebe Aperitif

Sie sind die Schönste, lautet mein Adjektiv

Genießen wir beide der Liebe Menü

Ich träum´ nur von Ihnen und bin kein Parvenü

Industrie – Technik – und Ideologie

Da ist keine Liebe – stöhnt die Genealogie

Bankrott ist jede Genealogie

Hoch lebe die Magie

Ich juble, wenn ich finde in Ihr Herz Einlaß

Die Welt gleicht immer einem Pulverfaß

Liebe ist für die Feste der größte Anlaß

Liebe, die auf dem Kopf steht, ist jeder Haß

Ich brauche nur Ihre Liebe und habe Bohnen in den Ohren

Die Weisen zögern immer , im Gegensatz zu den Toren

Die Liebe ist ein Feuer und die Menschen sind erfroren

Nur die Liebenden sind für Gott auserkoren

Liebe ist jenseits aller Nomen und Pronomen

Sie schlägt spontan und gehorcht keinen Metronomen

Es ist Nacht und gefüllt sind die Kelche mit Mond und Liebe

Zu Gott ein Sprungbrett sind die Triebe

Das Wesen der Seele ist Licht

Die Seele fließt im Körper, ist nicht dicht

Außer Liebe ist mühsam jede Pflicht

Der Kosmos ist ein Spiel aus meiner Sicht

Ich will mich an Ihrem Dufte laben

Sie sind erlesen und erhaben

Nach solch´ einer Liebe muß mein Sinn tief graben

Ich gehöre zur Liebe weißen Raben

Die Liebe fließt spontan und nicht nach Plan

Die Erde ist ein rießiger Clan

Ich lese Gottes Fahrplan

Darin steht, liebt euch und neckt euch simultan

Gott läd´ uns ein in unbefahrenes Gewässer

Ich habe beides als Waffe – Kuß und Messer

Ich will mit Ihnen nur lieben und schweigen

Die Liebe genügt mir, zu Gott zu reifen

Gott ist pure Energie

Erschließen wie sie mit der Liebesmagie

Sagen Sie das Ja, sind gesprengt alle Ketten

Ohne Liebe sind wir nur wandelnde Skeletten

Die Liebe muß dienen der Bewusstseinserweiterung

Für Ihre Schönheit habe ich immer große Begeisterung

Lieben Sie mich auch, ist das für mich eine immense Erleichterung

Diese Liebe ist wirklich Gottes Aufheiterung

Gott ist eingeflößt mit der ersten Muttermilch

Dabei ist es ein falscher Start, sage ich

Gott muß man nicht übernehmen, sondern entdecken

Mit Ihrer Liebe wird sich alles flecken

Zu Ihnen führen alle meine Liebeswege

Ohne Liebe bleiben die Menschen nur Zwerge

Liebe ist das wahre Wachstum der Seele

Lieben Sie mich auch, und Ihre Geschichte mir erzähle

Die Liebe ist die Eröffnung der göttlichen Perspektive

Es gibt in der Welt Vorurteile – massive

Mit Ihnen will ich tanzen am Ufer des Flusses

Ich gelange zur Ekstase durch den Hauch Ihres Kusses

Anmutige spiel mit mir

Das Universum gehört Dir

Willst Du das Geheimnis wissen

So willst Du mich niemals mehr missen

Deine Optasie empfängt mich an

Du und ich, wo und wann?

Sagst Du mir als heilige Ja

So rufe ich berauscht Hurrah!

Anmutige - wagst Du den Sprung von Herz zu Herz?

Einfach ohne Prunk?

Ich kann Dich leider nicht entbehren

So hoch halte ich Dich in allen Ehren

Strahlende, Du kannst doch mich wählen

Ach, wie kann ich Dein Herz stehlen?

Du bist mir die Feuerprobe

Was wäre denn Liebe ohne Kostprobe?

Ich bin jenseits von Gut und Böse

Ich träum´ von Dir und döse

Erwach´ ich von meinem Traum

So erfüllst Du meinen inneren Raum

Alles kreist still in seinen Bahnen

Meine Liebe zu Dir kann ich nicht verbannen

Stürbe ich für Dich einen Tod

So wäre es für mich nur Hold

Meine Liebe zur Dir ist keine Mär

Von allen Menschen soll ich sein ER

Würde ich Dich jetzt lieben

So gelänge ich zu großer Weisheit hienieden

Strahlende, lassen wir Nomen und Pronomen

Verliebt sind auch Nonnen

Du bist mir in Mondlicht getaucht

Die Katze des Nachbarn miaut und faucht

Du bist von unbeirrbarem Adel

Eine Schönheit einfach ohne Tadel

Spitzfindige Philosophen können meine Liebe nicht erklären

Mit Dir gelange ich zu den Sphären

Von dem Lebenssaft trank ich zuviel

Unablässig beharre ich und forme meinen Stil

Heitere Liebe, wann ergibst Du Dich?

Einen Zuckermund hast Du
Und ich küsse Dich

Holdes Antlitz, die Glut meines Herzens ist entfacht

Hingerissen bin ich von Dir Tag und Nacht

Gelesen habe ich es an der Wange der Zeit

"Eßt nur die süsse Frucht und freut euch zu zweit"

Die Mitte meines Heiligtums bist Du

Erwachen tu ich im Nu

Wenn Du mich fragst Warum?

So schenke ich mich ohne warum!

Von dem Lebenssaft trank ich zuviel

Unablässig beharre ich und forme meinen Stil

Heitere Liebe, wann ergibst Du Dich

Einen Zuckermund hast Du - und ich küsse Dich

Die Rechnung meines Lebens wäre geschlossen

Wärest Du in meinen Armen umschlossen

Dein Antlitz stahl einen Lichtstrahl des Göttlichen

Ach, welcher Dämon will denn meine Liebe nicht ermöglichen?

Vor Dir beben die Idolen

Ich brenne wie heiße Kohlen

Große Liebe, nimmst Du mich wahr?

Ein Edelstein wie Ich ist rar!

Das ist keine Liebe, das ist Kataklismus

Gefeit bin ich gegen jeden Ismus

Was unsere Liebe angeht

Ist es mir egal, ob Mann oder Frau vorgeht

Ich huldige dem großen Absurden

Für Dich nehme ich alle Hürden

Falle ich dieser Liebe anheim

So vergnüg Dich mit meinem Reim

Haß ist die dunkle Nacht der Seele

Ich bin in großer Eile und Tage zähle

Treffen sich unsere Lippen im Vollmondlicht

So machen die Geschäfte dieser Welt alle dicht

Ein Spatz flog zu einer Vogelscheuche

Hässlichkeit ist wahrlich eine große Seuche

Bin stolz, dass Du so schön bist

Wund ist mein Herz, wie Du siehst!

Ich liebe Dich nicht tropfenweise

Außer Dir keine in meiner Liebes Kreise

Fielen alle Frauen mir zu Füßen

So hätte ich Dich erwählt von allen Süßen!

In meinem Herz ist tiefe Trauer

Die Menschen lieben sich nicht und bauen eine Mauer

Hosiana, schön, dass ich Dich habe

Die Speichen drehen sich, still bleibt die Nabe

Eine Nymphe bist Du und läufst auf zartem Fuße

Böse Taten bringen meißtens Buße

Lassen wir die Religion auf dem Spiel

Wie gefällt Dir eigentlich mein Stil?

Die Liebe ist mein tägliches Brot

Bei dummen Menschen sehe ich Rot

Ich sitze nicht auf dem hohen Roß

Ich liebe nur Dich - auch ohne Moos

Das Universum ist beseelt

Es ist unser Liebeszelt

Verschwinden von der Welt die Wunder

So wird immer riechen der Holunder

Die Liebe spottet aller Gesetze

Ich bin spontan und treibe meine Scherze

Ich seh´ mich umflammt - Dich umarmen

Die Welt ist gespalten in die Reichen und Armen

Die Henne bemuttert ihr Küken

Die Götter spielen mit uns, wie mit Mücken

Trinken wir der Liebe Trunk

Signale empfang ich, funk!

Heilsam ist der Trunk dieser Liebe

Ich lieb nur Dich und sitz in der Tinte

Das Interesse an anderen Frauen ist entfallen

Befreie mich von der Liebe Wallen !

Die Liebe ist das größte Wunder

Ich bin dieser Liebe der Verkünder

Streicheln wann werde ich Deine Hände

Träum nur von Dir in meiner vier Wände

Die Götter sprechen in Winken

Du bist reiner Wein, ich will Dich trinken

Sublimieren kann man seine Triebe

Nach Erfüllung durstet diese Liebe

Verfallen bin ich Dir Geliebte

Die Seele zahlt am Körper teure Miete

Wie Moshus duftet Dein Haar

Ich und Du, was für ein himmlisches Paar

Ich will der süssen Stimme Deines Herzens lauschen

Sie ist reiner Wein, ich kann mich berauschen

Leer sind ohne Dich die Nächte

Trinken will ich Deiner Lebenssäfte!

Geheimnisvoll sind des Herzens Wege

Kein Kompaß, Verirrungen jede Menge

Die Nachtigallen erfüllen die Luft mit ihrem Gesänge

Ich lieb´ nur Dich, den Liebesast bitte nicht säge!

Du ziehst mich an wie ein Magnet

Die Eier brutzeln in der Pfanne, fertig ist das Omelette

Diese Liebe bricht auf, ist nicht latent

Dein herrlicher Wuchs, wie opulent

Oh strahlendes Herz, Du bist ein reizender Garten

Der Gipfel bist Du von wonnenreichen Scharen

Das Geheimnis dieser Liebe ist atomar

Zu Asche verbrannt auch der Cäsar

Ich frage die Sterne um Liebesrat

Sie antworten. "Du hast doch eine Königin parat!"

Königin, Du hast mein Herz,

Das Universum ist ein Gottesscherz!

Der Mond ist der Erde Trabant

Diese Liebe ist ganz pikant

Die Preise sind nicht immer kulant

Du bist die Schönste im ganzen Land!

Staub zu Staub lautet die Maxime

Schmecken will ich Deine Stimme

Überlebt etwas nach unserem Tode?

Zu Licht fliegt auch die Motte!

Du lachst wie eine Morgenröte

Im Dschungel heißt das, überlebe und töte

Sonnen wir uns doch am Liebesstrand

Gott hat Dich zu mir gesandt!

Liebe ist der Omega-Punkt der Existenz

Mit Dir steigt meine Potenz

Hast Du etwas gegen Liebesschmeichelei?

Ich bin ein Mann und kein Weichei!

Die Religion ist des Volkes Opium

Ich habe Eroskrebs, gib mir Morphium

Ich spreche zu Dir als Mann zu Frau

Meine Liebe, werde etwas liebesschlau!

Du hast keine Angst vor dem Verlust der Verehrer

Ich bin ein reifer Mann der Liebe, brauch´ keine Belehrer

Ich bin ein Mann von wenigen Worten

Magst Du, oder magst Du nicht?
Wir fliegen allerorten

Mit Frauen hab´ ich genug Erfahrung

Ich liebe nur Dich, bitte schicke mir keine Mahnung

Wenn das Herz spricht, verstummt der Verstand

Getränkt in Herzensblut ist mein Liebesgewand